「パンダ学」入門

私の生き方・考え方

Shio Okawa
大川紫央

まえがき

「パンダ学」という言葉を聞いて、「?・」と疑問に思われたことと思います。本人である私自身もはじめてその言葉を聞いたとき、「?・」と思ってしまいました。

ですが、この言葉をくださった幸福の科学・大川隆法総裁の「人の本質を見抜く眼」は、他に追随《ついずい》を許さないものであると感じています。

さて、そんな大川総裁から「パンダに似ている」と言われた私は、一体どんな人間で、どんな思考回路でもって仕事にあたっているのか、その一《いっ》端《たん》なりともを知っていただけたら幸いです。

今回、質疑応答形式で答えさせていただきましたが、質問にご協力くださった皆様にこの場をお借りして感謝申し上げます。

二〇一五年　十二月二十五日

幸福《こうふく》の科学総裁補佐《かがくそうさいほさ》　大川紫央《おおかわしお》

「パンダ学」入門
――私の生き方・考え方――

目次

「パンダ学」入門

——私の生き方・考え方——

二〇一五年十一月三十日　収録
幸福の科学　特別説法堂《せっぽうどう》にて

「パンダ学」入門

——私の生き方・考え方——

2015年11月30日 収録

幸福の科学 特別説法堂《せっぽうどう》にて

解説者

大川隆法《おおかわりゅうほう》（幸福の科学グループ創始者 兼《けん》 総裁）

［質問者はA～Oと表記
（いずれも収録時、幸福の科学 宗務本部職員）］

1 「パンダ学入門」って何?

司会　本日は、「パンダ学入門――私の生き方考え方　大川紫央《しお》のホンネトーク――」(収録時のタイトル)と題し、大川紫央総裁補佐《ほさ》とのQ&Aをさせていただきます。

A　まず「パンダ学入門」という題名がいきなり出てきましたけれども、宗務本部職員は、ある程度知っていると思うのですが、一般の方はなかなか分からないと思いますので、「なぜパンダなのか」ということと、「ご自身（大川紫央）がパンダと似ている」とのことですが、そのように思われる点について、お教えいただければと思います。よろしくお願いいたします。

大川隆法総裁には大川紫央《しお》がどう見えているか

大川紫央　ありがとうございます。「パンダ学入門」という題名は、急遽《きゅうきょ》、大川隆法総裁から頂いたものです。

ここ数日、少し霊調《れいちょう》も悪く、今朝《けさ》も何人か（の霊人）からご意見を伺《うかが》ったりしていたのですが、そうしているうちに、総裁先生が「パンダ学入門」と書かれた付箋《ふせん》を持ってきてくださったのです。総裁先生としては単なる提案であったようなのですけれども（笑）、これで今日、させていただくことになりました。

「パンダ学入門」という題については、正直、私もちょっとよく分かっていません。

（パンダの写真集を手に取り）「パンダ」というのは、動物のパンダのことなんですけれども、どうやら、総裁先生には、私のことがパンダのように見えているらしく（笑）……。

大川隆法　私のほうから補足《ほそく》が要《い》るでしょうか。

紫央さんの部屋には、パンダのぬいぐるみと写真がたくさんあって、ドラえもんのぬいぐるみ等と競《きそ》い合っているところがあります。ぬいぐるみのほかにも、写真などもたくさんあるんですね。この両者が拮抗《きっこう》し合っていて、あとは、ささやかに、坂本龍馬《さかもとりょうま》の像と、絵や写真などがちょっとあるような感じです。

ですから、〝好物〟は笹《ささ》、タケノコ、それから北川景子《きたがわけいこ》、武井咲《たけいえみ》あたりでしょうか（笑）。あとは、佐藤健《さとうたける》、福山雅治《ふくやままさはる》あたりも〝好物〟らしいのですけれども（著者注。「元相撲《すもう》協会理事長・横綱北《よこづなきた》の湖《うみ》の霊言《れいげん》――ひたすら勝負に勝つ法――」〔二〇一五年十二月十三日収録〕を拝聴《はいちょう》して以来、元横綱・北の湖のファンでもある）。

坂本龍馬（1836 ～ 1867）
幕末の元土佐藩士。薩長同盟、大政奉還成立等に尽力し、倒幕、明治維新に影響を与えた。

大川紫央　（笑）（会場笑）

大川隆法　ただ、〝生態《せいたい》〟を見るかぎり、どうしても、いつもパンダと暮

武井咲（1993～）
女優。ドラマ「アスコーマーチ」主演、映画「るろうに剣心」ヒロイン役等で活躍。2013年タレントCM起用社数1位となる。

北川景子（1986～）
女優。ドラマ「モップガール」、映画「HERO」等、多数出演。オリコン「女性が選ぶ“なりたい顔”ランキング」1位を4度獲得。

福山雅治（1969～）
シンガーソングライター。「桜坂」他、ミリオンヒットを連発。俳優としてもドラマ「龍馬伝」「ガリレオ」主演など、幅広く活躍。

佐藤健（1989～）
俳優。ドラマ「仮面ライダー電王」「天皇の料理番」や映画「るろうに剣心」「バクマン。」等で、演技派俳優として注目を集める。

らしているような感じがするので、もし、私のほうが本を書くとしたら、『「パンダ学」入門』ではなく、『パンダと暮らす』とか『パンダと暮らせば』といった題になると思います（笑）。

ときどき、後ろから、思いもしない「熊猫《くまねこ》パンチ」というか、「パンダパンチ」が飛んできたりすることがありますし、生態があまりにもパンダに似ているように見える瞬間《しゅんかん》もあるんですね。

また、竹刀《しない》を振《ふ》ったりするのも好きなのですが（注。大川紫央は学生時代に剣道部《けんどうぶ》に所属していた）、夜中に、「竹刀を振っているのかな」と思ったら、竹を噛《か》み始めて歯を鍛《きた》えているとか……、まあ、これは冗談《じょうだん》ですが、一瞬、そのように見える場合もあったりするわけです（笑）。

大川紫央 （笑）

大川隆法 このように、生態がよく分からないし、みなさんも、この生態を知っておかないと、「教団ナンバーツーは何者なのか」が分からないままに人生を終えることになるかと思うので、今日は、素朴《そぼく》な質問をすることで、どんな考えを持ち、どんな生き方をして、どんな信条《しんじょう》の方なのかをつかんでおいたほうがよいでしょう。何だかよく分からないような、フワッとした感じの方なので、もう少しよく知っておいたほうがよいのではないかと思います。

もしかしたら、まだ当会では公開されていない「秘伝の人生哲学《てつがく》」、「生き方」が眠《ねむ》っているのではないかと思われるところがあるのですが、私《わたくし》は平凡《へいぼん》にしてよく分からないので、マスコミ風に幾《いく》つか〝球《たま》〟を投げて、そのあたりを探《さぐ》ってみたらどうかという提案であります。

パンダとの共通点は「つかみどころのなさ」

大川紫央　パンダと似ているところということで、今、総裁先生からお言葉がありましたけれども、パンダというのは、何を考えているかよく分からないところもあり、私の過去世《かこぜ》の一つであるとされている坂本龍馬も、おそらく、つかみどころがあまりなく、何を考えているのか、いまいちよく分からないところがあったと思うのです（二〇一一年六月十六日収録「諸葛孔明《しょかつこうめい》／劉備玄徳《りゅうびげんとく》を求めて」参照）。

そういったあたりは、共通点として持っているのではないかと思います。

2　パンダのような「余裕《よゆう》」の持ち方

B　いつも、お仕事をされている姿を近くで拝見していると、本当に激《げき》務《む》でいらっしゃるなと思います。

大川紫央　いえ。

B　そうしたなかで、すごく自然体でいらっしゃるところや朗《ほが》らかでいらっしゃるところ、また、周りが緊張《きんちょう》していると、ときどき、ご自分のほうからギャグを飛ばして場を和《なご》ませてくださるところなどは、本当にパンダのような愛嬌《あいきょう》をお持ちで、周りに対してそのように振《ふ》る舞《ま》ってくださるところが本当に素敵《すてき》だなと、いつも思っています。

ストレスやプレッシャーなど、いろいろと大変ななかにあって、どうしたら、そういうことができるような「心の余裕《よゆう》」を持てるのか、お教えいただければと思います。

組織の上に立つにあたって心掛《こころが》けていること

大川紫央　実は、余裕があまりないところも、多々あるんですけれども（笑）。

ただ、組織の上に立つ人は、あまり細《こま》かすぎると、たぶんもたないので、「神経を二、三本切るような覚悟《かくご》がないといけないのかな」とは、いつも思っています。そこを張り詰《つ》めて考えてしまうと、もっと自分で自分を崩《ほう》壊《かい》させていくところもありますので、大きな役職なりに就《つ》く際には、そういうところはあまり感じないようにする〝鈍感《どんかん》〟な部分も必要なのではないかと感じています。

ただ、私も女性なので、私自身もまだ、「感情の起伏《きふく》」や「体調の起伏」などで、いろいろ変わってしまうところもあるかなとは思っています。

以前には、総裁先生から、「『女性のための経営入門』講義」という、女性向けのお話等も頂いたことがあります（『不況《ふきょう》に打ち克《か》つ仕事法』〔幸福の科学出版刊〕に所収）。

やはり、女性として仕事をしていく場合、「感情の起伏」や「体調の起伏」といったところが男性よりも出やすいですし、それを周りに伝えてしまっているところも多分にあるので、そのあたりは、もう少し、自分でもどうにかコーディネートしていけたらいいなとは考えています。

『不況に打ち克つ仕事法』
（幸福の科学出版刊）

パンダのようにコロコロしながらも、押《お》さえるところは押さえたい

大川紫央　あとは、上の人がいろいろ細かくしすぎると、おそらく、一緒《いっしょ》に働いている方々もピリピリしてしまうところはあるので、「一見、パン

ダがムシャムシャとずっと食べているような感じに見えるけれども、押《お》さえるところは押さえる」というようなやり方で仕事ができればいいかなとは思います。

ですから、普段《ふだん》は、パンダのようにコロコロしていて、常に「お腹《なか》が空《す》いた」とか言っている生態の人間にしか見えていないかもしれません（笑）。

実際に、そういう面も多分にあるんですけれども、総裁先生からも、「長《ちょう》やトップに立ってくると、ある程度、大胆《だいたん》なところと繊細《せんさい》なところを使い分けなければいけない面が出てくるし、余裕を持ったような人にならなければいけない」という教えも頂いていますので、そういうところは、パンダを見習いながらできたらいいなと思っています。

大川紫央の

“パンダ的”生き方・考え方

「大胆《だいたん》なところ」と

「繊細《せんさい》なところ」を使い分け、

余裕《よゆう》のある人になりたい。

3　パンダのような「癒《い》やし」の秘密

Ｃ　私《わたくし》は、紫央総裁補佐《ほさ》とご一緒《いっしょ》させていただくと、すごく自然体でいられるというか、ホッとするなと思っているのですが、大川隆法総裁も、「同じ徳島《とくしま》県出身というのもあるけれども、補佐は、すごくホッとできる女性である」というようなことをおっしゃっていたので（『女性らしさの成功社会学』〔幸福の科学出版刊〕等参照）、周りのみなさんもホッとされているのではないかと思います。それが、何か、パンダがゆっくり動いているような癒《い》やしにもつながっているのかなと感じます。

大川紫央　（笑）

C　また、私が、紫央総裁補佐とお話をさせていただいて印象に残っているのは、「まあ、いろんな人が必要ですね」という言葉をよく使われることです。そういった寛容《かんよう》さや、いろいろな方を認める器《うつわ》の大きさがあるのかなとも思っています。

そのように、ホッとできる存在である総裁補佐だからこそ、一緒にいると、ついつい本音が出てしまう部分もあり、ちょっと気をつけなければいけないとは思っているのですが、私の場合、大川隆法総裁とご一緒させていただくときも、「本音」というか、「素《す》の自分」が出てしまうこともあるので、そういったところが総裁先生と似ていらっしゃるなと、個人的には感じています。

いつも自然体でいられて、相手に癒やしを与《あた》えられる、ホッとできるような人間になるために、何か意識されていることがありましたらお教えください。

「いろんな人がいていいよね」という言葉が出てくる理由

大川紫央　いえ。すごく身に余《あま》るお言葉を頂いて恐縮《きょうしゅく》です。ありがとうございます。

そんなふうに思ってくださっているとは思っていなかったのですが、そのことについて自分なりに考えてみると、たぶん、私自身もあまり気を遣《つか》っていないというか（笑）、自然体で接しさせていただいているからではないかと思います。

また、「まあ、いろんな人がいていいよね」というような言葉については、私自身はあまり記憶《きおく》になかったのですけれども、確かに、それは、自分自身の考え方の持っていき方としても、いつも気をつけていることの一つではあります。

やはり、総裁先生ご自身がいろいろな方を包み込《こ》んでくださるし、かつ、人の長所を使ってくださるので、もし、総裁先生が人と一緒に働くとなると、おそらくいろいろな方々が寄ってくると思うのです。

そして、総裁先生は、そういう人たちをうまくコーディネートして仕事の割り振《ふ》りができ、さらに大きな仕事をされていく方なんだろうということは、とてもよく分かるので、そうしたときに、私のところがネックの一つにならないようにしなければいけないとは思っています。

総裁先生の近くにいると、やはり、そういう考え方を持たざるをえなくなってくるのではないでしょうか。

「公《こう》」と「私《し》」の切り替《か》えをうまくコーディネートできる存在でありたい

大川紫央　肝心《かんじん》の質問は、「ホッとできる人間となるためには」でしたでしょうか。

確かに、総裁先生が「パンダ、パンダ」というようにおっしゃってから、自分でも、どこが似ているのかなと、少し考えてはいたんですけれども……。まあ、私自身、「パンダのようになれたらいいな」と思うところはありまして、「いつものんびりしているようには見えるけれども、そうすることで、ホッとできるような環境《かんきょう》などをつくれるところがあればいいのかな」というようには思っています。

また、すごく内部的な話になってしまうかもしれないのですが、教祖殿《きょうそでん》の大悟館《たいごかん》内というのは、「仕事」と、「私《し》的な空間」や「ゆっくりする時間」というものが混在している空間ですし、総裁先生ご自身も、普段《ふだん》はずっとお仕事をされているので、そうした部分を切り替《か》えるのも難しいところではあります。

かといって、非常にストレスが溜《た》まるようなポジションでもあるので、そこを、どうにかうまくコーディネートできるような存在にはなりたいなと思っていて、むしろ、そのようにするのが目標なのかなと、自分では考えています。

大川紫央の

“パンダ的”生き方・考え方

パンダのように、

いつものんびりしているように

見えることで、

ホッとできるような環境《かんきょう》をつくる。

4 「白も黒も併《あわ》せ呑《の》む」ような器《うつわ》のつくり方

D 「パンダにはどのような特徴《とくちょう》があるのか」と考えたときに、やはり、白と黒の色を併《あわ》せ持つことが印象に残るなと思いました。

大川紫央 ああ……。

D 女性リーダーのなかには、物事の白黒をはっきりつけたがる方がわりに多いと思いますが、紫央総裁補佐は、白も黒も併せ呑《の》むような器《うつわ》、清濁《せいだく》併せ呑むような器を持っていらっしゃるのかなと思います。

そのあたりの器の大きさといいますか、矛盾《むじゅん》したものを併せ持っておられるような部分について、何かお教えいただければと思います。

総裁の考えについていくために必要なこと

大川紫央　確かに、私には、この「パンダ学入門」を少し引き寄せてしまった要素があるのかなと、先ほど思っていました。

私は、「カンフー・パンダ」という映画のシリーズ（注。二〇〇八年に公開された、アメリカのCGアニメ映画。二〇一一年には、続編の「カンフー・パンダ2」も公開されている）がけっこう好きで、観《み》ていたのです。

実は、昨夜も一人で少し観ていました（笑）。

「カンフー・パンダ」の主人公は、やはりパンダなので、普段《ふだん》はフワフワ、ポヨポヨしていて、すごく頼《たよ》りなさそうなのですが、いざ戦うときになると、急激に変化して戦うというようなスタイルで描かれているのです。

それで、そのなかにも、中国の道教《どうきょう》で言う、白と黒の勾玉《まがたま》が合わさったような図（太極図《たいきょくず》）が出てきて、それがパンダの戦士のシンボルになっているようなところが、若干《じゃっかん》、描かれています。それを今、Dさんのお話を聞いていて思い出しました。

パンダの白と黒が道教に近いのかどうかは、よく分からないのですが、

「カンフー・パンダ」
アメリカのアニメーション映画（2008年公開／ドリームワークス／アスミック・エース／角川映画）

太極図
「陰」と「陽」の二元を合わせた「万物の根源」を表す図。

その生態自体は、確かに、「少し道に遊んでもいいじゃないか」というようなことを提示している生き方でもあるのかなと、個人的には思っています。

実際、「白と黒を併せ呑む」というのは、すごく難しくて、私自身、いろいろな方と仕事をさせていただくポジションですので、今、仕事をしていて、「もう少し器《うつわ》を大きくしないといけないな」と、ちょうど思っていました。

大川隆法総裁先生は、本当に、価値観が一つではないというか、いろいろな人に対して、日々、対機説法《たいきせっぽう》をされているような感じです。総裁先生ご自身のなかに、一本、筋《すじ》を通した考え方を持っていらっしゃるのですが、「そこをぶらさずに臨機応変に対応できる」という能力をお持ちなんですね。

「それについていくためには、どうすればいいのかな」というのは、最近、よく考えていることの一つなので、「器を大きくする」というのは、これからの目標の一つでもあります。

また、白と黒について言えば、確かに、自分のなかには、「少年のような、すごくピュアな心の部分」と、「マキャヴェリ等を読んでみたくなるような、すごく現実的でシビアな部分、ダークな部分を求める心」との両方があるのかなというようには思います。

したがって、「そこを、できるだけ総裁先生のお考えに近いようなかたちで、どう仕事に落とし込《こ》んでいくか」ということは、今、すごく考えています。

D　ありがとうございます。

大川紫央の
“パンダ的”生き方・考え方

白と黒を併《あわ》せ呑《の》み、
いろいろな価値観を
受け入れられるように、
器《うつわ》を大きくしていきたい。

5　多様な仕事をさばくコツ

Ｅ　私は宗務《しゅうむ》本部におりまして、大川紫央総裁補佐《ほさ》がかかわらなければならないお仕事や、考えなければならないことというのは、本当にたくさんあるのだなと、近くで見させていただいて感じています。

一日を取ってみても、やはり、日々いろいろなことがありますので、それに対応しなければいけません。

例えば、運営一つにしても、宗教本体から、出版事業、教育事業、あるいは政治活動のほうまで、今、当会自体がグループとして非常に広い活動をしていますし、運営以外でも、宗務本部のなかの、いろいろなお仕事というものがたくさんあります。それらのほとんどすべてにかかわっているのが、総裁補佐だと思います。

そのように、「いろいろな仕事にかかわって、それについて考え、判断をしていかなければならない」という要請《ようせい》があると思うのですが、そういうなかで、「どのように問題に対応されているのか。次から次へとやってくるものに対して、どのように接しておられるのか」というところについて、教えていただければと思います。よろしくお願いいたします。

「総裁補佐《ほさ》」というポジションに立って痛感《つうかん》したこと

大川紫央　それは、今ご質問してくださったEさんも、いつも、私と同じ状況《じょうきょう》にあるとは思うのですが、確かに私は、「総裁補佐《ほさ》」というポジションに立たせていただくまでに、秘書局でも仕事をさせていただきました。

そこでも、「だいたい見えてきたのかな」と思っていた面はあったのですが、いざ、今のポジションに立たせていただくと、「今までの自分には、全然、見えていない部分があったな」ということを、すごく痛感《つうかん》していま す。今から振《ふ》り返ると、「秘書のときなどには、もう少し、いろいろとできることがあったのではないか」というような反省もしているわけです。

ただ、確かに、与《あた》えられたポジションに立ってみて、初めて分かる難しさや苦労などの部分は、どんな職業においてもあるのかなというようには思います。

霊的環境《れいてきかんきょう》を護《まも》るには「現実に起きている問題」の処理も重要

大川紫央　「いろいろな仕事をどうさばいていくか」というところに関しましては、まず前提条件として、男性・女性を問わず、いろいろな方々に一緒《いっしょ》に仕事を手伝っていただかないと、やっていけないのは事実ですよね。

また、「大川隆法総裁先生ご自身が、その事業や分野に対して、今、どんなお考えを持っておられるのか」というところも、自分のなかでは、見《み》逃《のが》してはいけないポイントかなと思います。

それと同時に、各部署や事務局、総合本部など、下から上がってくる情報も、ある程度のところはキャッチしておかないと、上と下を結びつける仕事というのは、なかなか難しいのではないかなとも思っています。

やはり、現場や、その分野で仕事をしてくださっている方々が今抱《かか》えている悩《なや》みなど、実際に総裁先生の周りで起きていることというのは、総裁先生が本当に霊能者《れいのうしゃ》であられるがゆえに、霊的に情報として察知《さっち》されていることが多くあります。

そのときに現場の様子を訊《き》くと、だいたい問題が起きていたりしていて、総裁先生が察知されていることと一致《いっち》していることが多いのです。

そういう意味で、総裁先生の霊的環境《かんきょう》を護《まも》る一つの方法は、「現実にこの世で起きている問題を処理すること」だと思っています。「そうしないと、総裁先生の霊的環境がよくならない」という面が多分にあるなということは、すごく感じました。

やはり、「ただ単に、霊的に護持《ごじ》したいという思いだけではなくて、仕事を通して問題を解決していくことが、総裁先生の霊的環境を護ることにもつながる」ということを学ばせていただいています。

したがって、できるかぎり、実際に起きている問題や、幹部の方が持っている悩みなど、そうしたものを一つひとつ処理していくことも、宗務本部というか、私の大事な役割の一つだと思います。

また、「総裁先生が今、どんなお考えを持っておられるのか」ということを、できるだけ正確に、幹部の方やみなさんに伝わるようなかたちで連《れん》絡《らく》を流すといいますか、お伝えしていくことも、すごく重要な仕事の一つなのかなと思っています。

ただ、そちらに傾《かたむ》きすぎると、今度は事務的な波動《はどう》になったりして、総裁先生の霊的な環境を壊《こわ》してしまいますし、極端《きょくたん》にぶれすぎると、それはそれでまた、〝仕事全開〟波動になってしまうので、そういうときにはパンダを思い出して、リラックスするようにしています。

大川紫央の

“パンダ的”生き方・考え方

仕事を通して問題を解決しつつ、

事務的な波動《はどう》に

傾《かたむ》きそうになったら、

パンダを思い出してリラックスする。

6 総裁を補佐《ほさ》するための「信仰心《しんこうしん》」について

F 大川紫央総裁補佐《ほさ》のお姿を、日々、拝見していて、本当に、「結界《けっかい》をお護《まも》りされながら、主《しゅ》のために生きていらっしゃるなあ」と感じております。

そうした、「主のために生きる」ということと、「信仰心《しんこうしん》の高め方」について、総裁補佐が、何か心掛《こころが》けていらっしゃることがございましたら、教えていただければと思います。

目標は、総裁にできるだけ長生きしていただくこと

大川紫央　「霊的環境《れいてきかんきょう》を護る」ということは、とても難しいことで、先ほども述べましたように、現実的に、その方の悩《なや》みや問題が解決されないかぎり、やはり、その思いは（総裁のほうに）〝飛んで〟きます。

そういう意味では、「霊的にのみ護れるもの」と、「現実的な仕事能力として、お護りしなければいけない面があるもの」とがあるのだなとは思っています。

それで、「信仰心の高め方」や、「総裁先生の霊的環境をお護りする」ということについてですが、私自身もまだまだ修行《しゅぎょう》中で、みなさんにも教え

ていただきながら、やっているところではあります。

ただ、近くにいさせていただいて、やはり、一日が終わるときには、いつも、（涙声《なみだごえ》で）「総裁先生が、今日も生きていてくださってよかったなあ」と思います。

もちろん、信仰心に距離《きょり》は関係がないとは思うんです。しかし、実際に総裁先生は、日々、激務をこなされていますし、霊的にいろいろかかってくるところもあります。ですから、私の今のいちばんの目標は、「総裁先生に、できるだけ長生きしてほしい」ということです。

ここについては、まだまだ自分には補《おぎな》えていないところはあるのですが、一日が終わったときに、「ああ、総裁先生が、今日も一日、地上にいてくださってよかったなあ」と思えることが、私にとっては、いちばんの「信仰心の源泉《げんせん》」かなと思います（涙）。

主《しゅ》を当たり前の存在だと思わないよう、肝《きも》に銘《めい》じたい

大川紫央　やはり、「今世《こんぜ》、総裁先生がいてくださる」ということは、ものすごい奇跡《きせき》だと思います。

また、私たち自身が来世《らいせ》、総裁先生と同じ世界に生まれることはないと思うので、今世、総裁先生は、いろいろなかたちで弟子《でし》の魂《たましい》を教育してくださっています。

したがって、私たちの多くは、今世、総裁先生から学び取ったものによって、次に地上に生まれたときに、総裁先生の名代《みょうだい》として、世界を導いて

いけるような人になっていかなければならないと思っています。

総裁先生は、そういう意味も込《こ》めて、日々、私たちのことを指導してくださっていると思うので、私もそういうところを見落とさないようにしなくてはいけないないなと考えているわけです。

さらに言うと、信者のみなさんは信仰心がすごく高いと思うので、そういう意味では、「お互《たが》いに刺激《しげき》し合える法友《ほうゆう》が存在する」というのは、とても尊いことではないでしょうか。

ともあれ、「総裁先生を、当たり前の存在だと思ってはいけない」ということを、私も肝《きも》に銘《めい》じなければいけないなと考えています。

大川紫央の

“パンダ的”生き方・考え方

一日が終わるとき、

「総裁《そうさい》先生が、今日も生きていて

くださってよかった」と思う。

7　「体力」や「精神力」の鍛《きた》え方

G　大川紫央総裁補佐《ほさ》が、二十四時間、三百六十五日、主《しゅ》をお支えされているお姿を、いつも近くで見させていただいていますが、念力《ねんりき》等を使って主をお護《まも》りするには、体力・精神力を鍛えることが大切だと思います。日々、体力や精神力を鍛えるために、どのようなことを心掛《こころが》けていらっしゃるのかを、お聞かせいただければと思います。

できるだけ、「地道に継続《けいぞく》できる運動」を実践《じっせん》していきたい

大川紫央　私も、やはり、「体力を持っていないと、仕事がなかなかできないな」とは思っています。

総裁先生ご自身も、歩いたり、運動をされたり、いろいろと鍛えられているのですけれども、私自身も、一日の間で時間ができたときには、二、三キロは歩くようにしています。「できるだけ、継続《けいぞく》的にできる運動をしなくてはいけない」と思って、実践《じっせん》はしているのです。

確かに、総裁先生の教えにも、「念力を鍛えるには、筋肉をつけるとよい。そうすれば、多少の悪霊《あくれい》が来ても飛ばせる」というお話はあります

（『神秘の法』〔幸福の科学出版刊〕等参照）。そういう意味でも、体力は鍛えなければいけないでしょう。

あとは、「睡眠《すいみん》もきちんと取らないといけないな」とは思っています。

やはり、体調が崩《くず》れてきて、エネルギーが切れてくると、仕事のほうでも、すごく感情的になってしまったり、すぐにイライラしたり、腹が立ってきたりと、ちょっとしたことで忍耐力《にんたいりょく》がなくなることもすごく多いと思いますので、「体調管理」は、みなさんにとっても、仕事の一環《いっかん》になるのではないでしょうか。

ですから、家のなかで少し「筋トレ」をしてみるなど、地道にできることをしなくてはいけないなと思って、日々、気をつけています。

大川紫央の

"パンダ的"生き方・考え方

仕事の一環《いっかん》として、
継続《けいぞく》的にできる運動をしたり、
睡眠《すいみん》をきちんと取ったりして、
「体調管理」を心《こころ》掛《が》ける。

8　プレッシャーに打ち克《か》つ秘密

Ｈ　総裁補佐《ほさ》というお立場は、われわれが想像している以上に大きなプレッシャーがあると思います。そうしたなかで、日々、休みなく重責《じゅうせき》を担《にな》われているわけですが、紫央総裁補佐ご自身が大切にされている「座右《ざゆう》の銘《めい》」や「好きな言葉」、あるいは、「好きな真理の書籍《しょせき》」等があれば教えていただきたく思います。

自室に飾《かざ》ってある「言葉」

大川紫央　学生のころの座右の銘は、高杉晋作《たかすぎしんさく》が遺《のこ》した、「おもしろきこともなき世を　おもしろく」という辞世《じせい》の句です。「人生のなかで、いろいろ楽しく面白《おもしろ》くやっていかないと、つまらないなあ」と思っていたので、そういう言葉がずっと好きでした。

今、日常生活のなかではどうかというと、先ほど総裁先生がおっしゃったように、私の部屋にはパンダの絵をはじめ、いろいろなものがあるのですが、そのなかの一つに、「まあ、いっか」とい

高杉晋作（1839 ～ 1867）
長州藩士。松下村塾生。奇兵隊を組織して倒幕運動を展開。

う言葉が書かれたポストカードがあるのです（笑）。

自分で、「何か精神的に、ちょっと乱れてきたな」と感じたときには、そのカードを見て、「まあ、いっか」と思うようにしています。

「秘書長先生（大川隆法総裁の母、中川君子《なかがわきみこ》）も、『そんなんで死にはせんでわ』というような言葉をよく、総裁先生にかけられた」とお伺《うかが》いしているのですけれども（『母の教え』〔宗教法人幸福の科学刊〕参照）、そういう一転語《いってんご》で自分を励《はげ》ましたりすることも大事ではないかと考えています。

また、そのときどきのいろいろな場面で、自分で思いついた言葉などがあるのですが、そうした言葉を、好きなメモ帳か何かに書いて、机の上に置いておくこともあるんです。例えば、自分で思った「反省の言葉」であっても、やはり繰《く》り返して見ているうちに、少し「戒《いまし》め」が効《き》く部分もありますし、「励ます言葉」であれば、そこにパッと目が行くと、光が入るときもありますね。

そのような言葉を少しお部屋に飾《かざ》ったりするのも、お勧《すす》めかなと思います。

「ここには私のものは何もない」が意味すること

大川隆法　補足しますと、彼女の部屋の真ん中にコタツがあるのですが、その上に、「ここには私のものは何もない」と書いた紙が貼《は》ってあるのです。

大川紫央　（笑）

大川隆法　「私のものは何もない」と書いてあるのを見て、「ほお、すごいな。なかなか悟《さと》り切った心境だな」と思いました。ところが、コタツを立って台所のほうに行くと、食べ物がたくさんあるわけです。

大川紫央　（笑）

大川隆法　冷蔵庫には、たくさんの食べ物などが入っているのですが、「この矛盾《むじゅん》に耐《た》えて生きているのはすごいなあ」と、私は本当に感心してしまいました。

大川紫央　はい（笑）（会場笑）。

大川隆法　普通《ふつう》、「私のものは何もない」といえば、だいたいそういうものは一切《いっさい》なくなるかと思うのですが、食べ物はたくさんあるのです。

しかし、私が自分の部屋へ帰ってきて自分の冷蔵庫を開けると、「ここに私の食べ物は何もないのだ」と悟ることになっており、〝餌《えさ》〟を取り上げられているような感じがあります。

大川紫央　（笑）

大川隆法　まあ、「人生、矛盾がいろいろあっても生きていける」というところが、やはり〝太さ〟の理由でしょうか。実に、すごいなと思いますね。何とも言えないのですが、すごいです。

笹やタケノコを延々《えんえん》と食べ続けていて、何も動かないかと思っていると、パンダのダッシュ力ってすごいんですよね。タタタタタタタタタターッと、攻《せ》め込《こ》んでくるように動くところがあります。

「穏《おだ》やかなところ」と「瞬発力《しゅんぱつりょく》」と、その両方の動き方が何とも言えません。その矛盾が素晴《すば》らしいですね。「矛盾の統合が、何かすごい！」という感じなんです。

西田幾多郎《にしだきたろう》みたいですね。

大川紫央　（笑）

大川隆法　「絶対矛盾の自己同一《じこどういつ》」という、そんな感じがします。だから、けっこうギャップはあるんですよ。ただ、ギャップがあるなかを統一しているところが、すごいなと思うんです。

〝エージェントができるような能力〟がある⁉

大川隆法　それから、彼女はポケッとしているようで、動体《どうたい》視力がすごく高くて、目がすごくいいんですよ。外を歩いていても、どこを歩いていて

●絶対矛盾の自己同一　哲学者・西田幾多郎（1870 〜 1945）の思想。絶対的に矛盾していることを、自分のなかで同一化してしまうこと。（『太陽の法』『西田幾多郎の「善の研究」と幸福の科学の基本教学「幸福の原理」を対比する』〔共に幸福の科学出版刊〕参照）

も、いろいろな人がよく見えているんですね。

また、相手が変装していても、どんな格好をしていても、誰《だれ》なのかすぐに見抜《みぬ》いてしまいます。分かるんですよね。私は分からないことが多くて、顔が変わっていたりするとすぐには分からないのですが、すぐに見抜いてしまうのです。

さらには〝検索《けんさく》機能〟があるようで、ダーッと（記憶を）検索していって、「あの人は何年前に、○○という作品に、△△という役で出ていた人だ」などと言ってきますね。実は、街を歩いていると、俳優や女優、あるいはモデルがけっこういるのですが、それが誰であるかをすぐに当てて、さらに検索をして、「○○に出ていた人だ」と関連したことを言い始めるのです。

このへんは、目が違《ちが》いますね。目と頭の連結に、ちょっと普通ではないところがあって、そういう意味ではとても役に立ちます。

意外に、エージェントができるような感じもあるのかもしれません。

確かに、警察系にはそういう目を持った人がいるんですよ。人の顔をパッと見分ける力というのがあるのですが、総裁補佐も、もしかしたら一万人や二万人は覚えられるのではないでしょうか。

私はボーッとしているのですが、あちらはボーッとしているようでボーッとしていないのです。一緒《いっしょ》に歩いていても、周りを緩《ゆる》やかに見ているのでしょうね。そういうところは違うかなと思います。

やはり、「矛盾したように見えるところが、実は、隠《かく》された能力である」という気がしてしかたありません。

「ライオン」と「パンダ」の共通点

大川紫央　ありがとうございます。

確かに、私が総裁先生から宇宙人リーディングを受けたときに、私の魂《たましい》の一つの姿に、「ライオン」というものがありました（『人類創造の秘密に迫《せま》る』〔宗教法人幸福の科学刊〕参照）。よく考えると、ライオンとパンダは、「普段はゴロゴロしていて、動くときには動く」という共通点がありょます。「短距離走型《たんきょりそう》」とも言えるのかもしれませんが、そのへんは自分でも、「少し似ている面はあるのかな」と思っています。

大川紫央の

“パンダ的”生き方・考え方

「ここには私のものは何もない」

「まあ、いっか」

といった言葉を部屋に飾《かざ》って、

心のコントロールに使っている。

9　将来の理想像について

――大川紫央総裁補佐《ほさ》は、パンダのように愛らしく、女性らしい癒《い》やしの力を持ちつつも、聡明で、実務能力も高くて、素敵《すてき》だなと思っています。また、明かされている過去世《かこぜ》にも、男性・女性さまざまな方がいらっしゃいます。

そこで、ご自身の性格や考え方のなかで、「ここは男前《おとこまえ》だな」とか、「ここは女性的だな」とか思っているところがあれば教えていただきたいと思います。

また、そういうことを踏《ふ》まえ、今後、年を重ねていくなかで、「こういう人になっていきたい」と考えている理想像があれば、お教えください。

自分が「坂本龍馬《さかもとりょうま》と似ているな」と感じるところ

大川紫央　そうですねえ、今日は「ホンネトーク」という副題を頂いていますので……（収録時のタイトル「パンダ学入門――私の生き方考え方大川紫央のホンネトーク――」）。まあ、私は、一般的《いっぱん》には、「男性型の女性」と見られている面は多いですし、自分でも、「そうなのかな」とは思っているんですけれども（会場笑）。

実際、女性の面もまだ多少はあるので（笑）、女々《めめ》しく優柔不断《ゆうじゅうふだん》で悩《なや》んでしまったり、決断ができなくてクヨクヨしてしまったりしているときもあるのですが、「男前だな」と思うところとしては、判断するときに、ときたま、スパッと決められるところかなと思います。

実は、私は小さいころからずっと、年上の方にかわいがられて育ってきたタイプなので、先ほど、「愛嬌《あいきょう》がある」とおっしゃってくださった方もいらっしゃいましたが、もしかしたら、「甘《あま》え上手なところがあるのかもしれないな」とは思うんです。

それから、自分で言うのも何なんですが、坂本龍馬《さかもとりょうま》はいつもクヨクヨしてて女々しいんですよね。でも、年上の方や周りの方に助けていただいたりしますし、屈託《くったく》なく明るいところもあります。自分でも、「そういうところは少し似ているかな」と思います。

私自身も、愛嬌のある方はすごく好きですね。友達になりたくなるというか、「少し冗談《じょうだん》が言えて、愛嬌があって、素直に人に近づいてくる感じの人」は、すごく好きなタイプです。

そういう意味では、「自分自身も、多少、そちらに向かって育ってきた面があるのかな」と感じました。

憧《あこが》れの女性像・人物像について

大川紫央　「これから」についてですが、今年三十歳《さい》になったところなので、今日、「私の生き方考え方」という副題を頂いたときにも、「これは、けっこう年齢も経験も積まないと、話すのはなかなか難しいんじゃないかな」と思ったんです。だから、現時点での自分の考えしか言えないのですけれども。

まあ、「今後、どういう人になりたいか」と考えたときに、非常に漠然《ばくぜん》としているのですが、今、総裁先生を間近で〝観察〟できるポジションにいますので（笑）、できれば総裁先生のように、ホワッと丸く、みんなを包み込《こ》むような存在になりたいですね。イメージとしては、やっぱり丸い感じがするので、「パンダとしては、そちらの方向に向かって、丸くなっていきたいな」と思っています。

確かに、以前、アンジェリーナ・ジョリーが映画「ソルト」（二〇一〇年公開）で演じたような、「すごくかっこよくて、いざとなったら

「ソルト」
アメリカ映画（2010年公開／レラティビティ・メディア／ディ・ボナヴェンチュラ・ピクチャーズ／コロンビア映画／S.P.E）

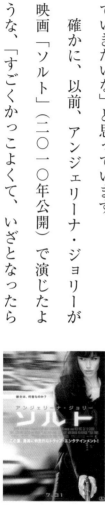

相手を護《まも》れる」とか、「自分のことは捨てても護りに行ける」というタイプの女性にも憧《あこが》れるところはあるんですね。やはり、私のなかでは、「そうなりたいなあ」と思えるタイプではあるので、そこをうまく調和しつつ、どうにか今世《こんぜ》での個性をつくっていきたいと考えています。

もちろん、先ほどお話しいただいたように、「もう少し大きな器《うつわ》で、いろいろなことに耐《た》えたり、さまざまなタイプの方と一緒《いっしょ》に仕事ができるような人にはなっていきたいな」と思います。

大川紫央の

“パンダ的”生き方・考え方

ホワッと丸く、
みんなを包み込《こ》むような
存在になりたい。

10　総裁を護《まも》る「プラスの言葉」とは？

J　先ほどからお話をお聴《き》きしていますと、「霊的《れいてき》な部分で先生をお護《まも》りする」という面と、「実務的なところで、実際に問題を解決していく」という面の、この矛盾《むじゅん》したものを併《あわ》せ持つ大切さを教えていただいているように感じます。ところが、通常は、どちらかに偏《かたよ》る傾向《けいこう》が強いように思うのです。

そういった、「霊的な部分と、実務能力的な部分の両方を併せ持って、総裁先生をお護りする」ということについて、紫央総裁補佐《ほさ》の努力の方法や考え方などを教えていただければと思います。

総裁の教えを繰《く》り返し学ぶことがとても大事

大川紫央　そうですね。具体的にどんな努力をしているかというと、明確に言えるものは持っていないのかもしれません。

ただ、今は総裁先生のお教えを、いろいろな分野で頂いています。「自分がつまずきそうになったときに必要な教え」や「人間としての人格を磨《みが》くための教え」、あるいは「経営的な考え方」など、たくさんの教えを頂いているわけです。

ですから、総裁先生の御法話《ごほうわ》を繰《く》り返し聴いたり、経典《きょうてん》を読んだりすること。例えば、自分がつまずいたときに、その問題に合いそうな教えを読んで勉強することは、とても大事なことなのかなと思っています。

特に、このポジション（総裁補佐）の場合、総裁先生の考え方とすごく離《はな》れた考え方をしてしまうのは、いちばんいけないことですから、そこは気をつけないといけないですね。

「仕事能力」を鍛《きた》えていくことが大切である理由

大川紫央　また、総裁先生ご自身が、非常にお仕事もできる方であるので、弟子《でし》の一人として、今世《こんぜ》は、「仕事能力」を鍛《きた》えることもすごく大事であると思います。

特に、幸福の科学の職員であれば、組織のなかで仕事をしつつ、総裁先生のお仕事を手伝わせていただいているわけです。だから、どんな部署にいるにしても、弟子として仕事能力を磨くことは外してはいけないと、日ごろから考えています。

それから、総裁先生ご自身もおっしゃっていますし、私にも体験があるのですが、ベータ波（忙《いそが》しく仕事をしているときに出る脳波のこと）になるときというのは、いろいろと悩《なや》んだりしているときですよね。私の経験上は、仕事で判断がつかなかったり、問題の解決がつかなかったりするときに、それが頭のなかでグルグルと回っていると、結局、ベータ波になってしまうことが多いです。

ところが、今まで見ていると、仕事を一つひとつ、パッパパッパッと片付けていける人は、仕事をしていても、先生の近くにいて邪魔《じゃま》にならないような波動《はどう》を出せることが多かったんですね。やはり、「そういうふうにならなきゃいけないな」と、自分では思っています。

確かに矛盾するようには見えるのですが、総裁先生ご自身が、それを両立させておられるわけです。ただ単に瞑想《めいそう》とか、そういったことばかりをするだけではなくて、「ある程度、この世的にもきちんとした判断や考え方ができ、仕事としてこなせるようになる」ということも、「現代的な悟《さと》り」の一つとして、総裁先生が掲《かか》げてくださっているのではないかと思っています。

総裁の「Be Positive《ビー　ポジティブ》」を支えるためにしていること

大川隆法　同じ内容になるかもしれませんが、少し付け加えます。

私も、「Be Positive《ビー　ポジティブ》」と教えていますし、全体的にはそうだろうとは思います。また、自分自身、そういう生き方をしてきたとは思うのです。

ただ、毎日毎日の周期のなかでは、やはり、仕事の波もあれば、体調の波もあって、ネガティブになることがあるわけです。「もう駄目《だめ》だ。死んじゃう」とか、「これは駄目だ。もう、あの世へ行く」とか言って、弱音を吐《は》くときがあるんですね（笑）。

そういうときに、総裁補佐は、「そんなことありません！　それは、こうです！」という感じで、その場でマイナスの言葉を消して、プラスモードに切り替《か》えるような打ち返しを必ず入れてきます。何秒も悩ませないように、いつもしてくれていますね。そのへんは、ピンポン球《だま》を打つように、すぐに打ち返してきます。弱音を吐いたら、すぐに打ち返してくるので、「長くネガティブな状態ではおかせない」というところを、常に気をつけているような感じでしょうか。

やはり、どうしても出てくるんですよね。外では、「Be Positive」と言っていても、家のなかで、ずっと「Be Positive」ではいられません。それで、「ああ、もう駄目だ！　こんな失敗をしてしまった」とか、「ここが、うまくいっていない」とか、いろいろ言うことがあるのですが、そういうときに、必ず、〝ピンポンの球〟を打ち返してきます。そうした、「ネット越《ご》えして、もう一回戻《もど》してくる」というようなところは、すごくうまいですね。

もう、〝すぐ〟ですよ。数秒で打ち返してきますから。簡単に打ち返します。そのへんは、寝《ね》るまで心掛《こころが》けていて、あるいは、寝言《ねごと》でも打ち返してくるぐらいの素早《すばや》さはあるのかなと思います。

現実的な問題解決もしている宗務《しゅうむ》本部

大川紫央　ありがとうございます。

まあ、宗務《しゅうむ》本部のなかで、秘書がどういう仕事をしているかは、なかに入ってみないとなかなか分からないところもありますし、なかにいても、まだまだ分からないような面は多いのかもしれません。

ただ、私だけではなく、周りにいる宗務本部の職員も、日ごろ、総裁先生と会話をしたり、悩みを聞いたりしながら、「現実的に解決できるものであれば解決しよう」と働いているんですね。そういう仕事をしている部署でもあるのだというところは、知っておいていただきたいかなと思います。

大川紫央の

“パンダ的”生き方・考え方

仕事能力や判断力を上げることは「現代的な悟《さと》り」の一つ。

11 「人間通《つう》」になるための考え方

Ｋ　私は、紫央総裁補佐《ほさ》を見ていて、「人を調和させるのがとても上手だな」といつも思っています。

そこで、「誰《だれ》とでも仲良くなるための秘訣《ひけつ》」や「チームワークによって成果を出すための秘密」が何かありましたら、お教えください。

「他人を知ること」は、自我流にはまりすぎないための防波堤《ぼうはてい》

大川紫央　確かに、自分では、「友達としては、幅広《はばひろ》く、いろいろな人とお付き合いできるタイプなのかな」と思っていますが、「チームを組み、一緒《いっしょ》に同じ仕事をする」となった際の仕事における人間関係には、非常に難しい面もあると思うのです。しかし、一方で、すごく心強い面もあります。

やはり、「そこをどうするか」というのが、仕事のポイントとして一つ見られているところなのかなと思うのです。

これについては、ちょうど自分自身でも、「まだまだイノベーションを

していかないといけない部分もある」と思っていたところではあります。

先ほども話に出したのですが、総裁先生の御法話《ごほうわ》『女性のための経営入門』講義」のなかには、「経営とは、人間学と採算学である」というように、ポイントを二つに絞《しぼ》っておられる箇所《かしょ》がありました。さらに、その人間学について、「『人間通《つう》』になっていなければいけない。『人間通』とは、どういうことかというと、いろいろな人間の種類があることを知っていることだ。それが大事である」というようにおっしゃっていたのです（前掲《ぜんけい》『不況《ふきょう》に打ち克《か》つ仕事法』参照）。

それを聴《き》いて、私は、「ああ、そのとおりだなあ」と思いました。人間には、自分の考え方以外の考え方を持つ人もたくさんいるし、一人ひとり個性が違《ちが》うので、「そういう方が存在するんだな」とか、「この方は、そういう人なんだな」とかいうように、まず知ることが非常に大切なことの一つだと思ったのです。

「そういう存在があるんだ」と知ることで、個性の違いを知ることにもなりますし、自分が「これだ」と思う考え方以外の考え方があることや、考える道順として、さまざまな道筋《みちすじ》があることを知るわけです。

そして、そういうことを知っておくことが、「これが通らないと、もうやっていけない」というような「自我流」にはまりすぎないための防波堤《ぼうはてい》になるのではないかと感じました。

チームとして力を発揮するための智慧《ちえ》とは

大川紫央　やはり、組織のなかで働き、チームとして力を出していくということは、「その仕事を自分一人でする以上の成果を出さないといけない」ということです。

おそらく、そういう能力には、努力して後天《こうてん》的にも築き上げていかないといけない面はあるでしょう。「先天的に、自分は寛容《かんよう》な人間なのだ。それは生まれ持ったものなのだ」というよりは、日ごろから、誰しもが自分で、そちらの方向にマインドを変えていく努力をしていかないといけません。そうしないと身についてこない能力なのではないかと思います。

そのため、前提として、一つには、その人を弾《はじ》くのではなくて、「そういう個性なのだ」と受け入れることが重要だと感じました。

今後、私自身もそれを実践《じっせん》していかなければいけません。そこは、もう少し頑張《がんば》らなければいけないと思っています。

大川紫央の

“パンダ的”生き方・考え方

チームで仕事をして成果を出すには、

個性の違《ちが》いを知り、

受け入れることが大事。

12 「みんなを生かす、龍馬《りょうま》的リーダー」とは？

D　今、「人間学」というお話を頂いたので、私のほうから、もう一問、歴史的なことに関して少しお話を伺《うかが》いたいと思います。

紫央総裁補佐《ほさ》の過去世《かこぜ》の一人に坂本龍馬《さかもとりょうま》先生がいると思うのですが、龍馬先生は、当時、お互《たが》いに頑固《がんこ》な薩摩《さつま》と長州《ちょうしゅう》のリーダーをくっつけられました（薩長《さっちょう》同盟）。

そういった頑固な方々を束《たば》ねて協力させるという、接着剤《ざい》のような役割を担《にな》っていらっしゃったと考えています。

そういう意味で、紫央総裁補佐は、「愛の思い」、「人と人を結びつける力」というものも非常に強い方なのではないでしょうか。

「頑固者を束ねる力」を「愛の力」と言ってもよいと思うのですが、そのあたりについて、少しお話を伺えれば幸いです。

薩長《さっちょう》同盟に見る、仲違《なかたが》いする者たちを結びつける方法

大川紫央　今世《こんぜ》で、私自身はまだ何事もできていないので、偉《えら》そうなことは言えないのですが……。

ただ、「薩長《さっちょう》同盟」について述べると、おそらく、薩摩の西郷《さいごう》さんにも長州の木戸《きど》（孝允《たかよし》）さんにも、「目指すべき方向」が見えていたでしょう

し、やはり、最終的には同じところに目標があったと思います。二人とも、国のことを考えてやっていたのです。

そういう意味では、以前収録された劉備玄徳《りゅうびげんとく》の霊言《れいげん》の言葉を借りれば、「錦《にしき》の御旗《みはた》」というか、みんなが目標に持てるような、そういう高邁《こうまい》な同じ目標が要《い》るわけで、「それは何なのか」ということを明確にする必要があったのではないかと、個人的には思っています(二〇一五年二月十七日収録「徳のリーダーシップとは何か——三国志《さんごくし》の英雄《えいゆう》・劉備玄徳は語る——」参照)。

当時は、実際に戦争などもしていたので、おそらく、お互いにやっているうちに見えなくなってくるようなところもあったのではないかと推察します。

そのようななかで、龍馬は、第三者的な感じで走り回っていたと思いますが、実は同じ目標を掲《かか》げていたはずの「心」を、「同じ目標が何だったのか」を明確にすることによって、結びつけたところがあったのではないでしょうか。

西郷さんにしても木戸さんにしても、自分のためにやっているわけでは全然なく、やはり、無私なる思いで、「この国をどうにかしよう」と思ってやってくださっていた方々ですから、そこを思い出すことによって、力を合わせることができたのかなと、個人的には思っています。

当会は、今、いろいろなグループ事業を多々やっていますが、「何のためにやっているのか」という、大きな大きないちばん大切な目標が、現実の仕事をしているうちに埋没《まいぼつ》してしまって分からなくなると、仲違《なかたが》いなどが起きると思うのです。そのため、そこに関しては、常に発信しなければいけない部分なのかなと感じます。

プライベートな面における補佐《ほさ》役としての役割

大川隆法　今の話に関連して、補足しておきます。今、「龍馬さんは、西郷さんや桂《かつら》さん（木戸孝允）のように、それぞれ藩《はん》を背負《せお》い、独自の意見を持って対立していた人たちを和解させて、一つの目標に動かすような、触媒《しょくばい》としての仕事をした」という話をしていました。

これから述べることは、プライベートな面に当たるし、外の人がほとんど分からない部分かと思うので、私のほうから話しておきたいと思います。

私は二度目の結婚《けっこん》で、紫央さんは後妻《ごさい》として来たわけですが、私には、年齢《ねんれい》的に彼女とそう大きく変わらない子供がいます。みんな個性が非常に強く、一国一城の主《あるじ》のような性格を持っています。

そのため、放っておけば、〝爆竹《ばくちく》が弾《はじ》けるような家庭〟、つまり、爆竹がバンバン破裂《はれつ》するように、意見が対立してぶつかり、喧嘩《けんか》する家庭になるかと思うのです。

また、先ほど述べたように、紫央さんの年齢は、子供たちとそんなに大きく変わりません。少しだけ上というぐらいであり、さらに、最近、お婿《むこ》さんも来たのですが、彼は二つ下程度です（注。二〇一五年九月一日、長女の大川咲也加《さやか》と大川直樹《なおき》が入籍、十月六日に結婚式を挙げた）。

こういう息子《むすこ》・娘《むすめ》を下に持ちながら、それを上手にフワッとうまくまとめ上げているので、彼女の力はすごいなと感じます。ある意味で、これはみんなが知らない、彼女の最大の能力の一つではないでしょうか。

そして、意外に、それが私の補佐《ほさ》として役に立っている面もあると思います。

私は、「子供たちのよいところや才能を伸《の》ばしてあげたい」という気持ちを持ってはいるものの、今述べたとおり、放っておけば、すぐに「薩摩対長州」のようになるのです。それを、彼女はフワッとうまくまとめ上げています。

子供の個性や能力を伸《の》ばす母親のあり方とは

大川隆法　「その根拠《こんきょ》はどのあたりにあるのか」というと、「自分のほうが主役にならないように努力している」というところだと思うのです。自分は主役にならないで、子供たちのほうを立てながら伸《の》ばしていこうとする立場を堅持《けんじ》してやっています。要するに、縁《えん》の下の力持ちでしょう。これを堅持しており、自分は〝接着剤〟になって、伸ばそうとしているわけです。

こういう言い方がよいかどうかは分かりませんが、生みの親（前妻）よりも子育てが上手なのではないかと思っています（笑）。生みの親のほうは、自分の才能と子供の才能とを引き比べながら競争するようなところがありました。私も、「母親と息子が競争する」などということは、あまり聞いたことがありません。娘となら、そういうことも少しはあるかもしれませんが、息子とでも競争するようなところがあったのです。

なお、私自身には、そういう面は全然なく、また、私の母親も、息子と競争するようなところはまったくない人です。

「前回は、そういうところは、あまりうまくいっていなかったのかな」という気持ちがあったのですが、紫央さんは、そのあたりを実にうまく回しているので、「上手だなあ」と思っています。

その理由は、やはり、自我や自分のプライド、自慢《じまん》話などをあまり出さないからでしょう。子供たちに対しては、自分を少し下のようにしつつ、

「偉いのだから頑張りなさい」という感じで、子供たちを上げていくような面や、うまく仲裁《ちゅうさい》していくような面など、そういうところもあると思うのです。

当会からは、〝シオドラ（総裁補佐のニックネーム）英会話〟（『添削《てんさく》式・はじめての宗教英会話入門』シリーズ〔宗教法人幸福の科学刊〕）なども発刊されており、そこでは、「（総裁補佐は）すごく英語ができない」というように編纂《へんさん》されてはいます。

私は、子供たちに対して、英語についてかなり力を入れて教育し、そのうちの二人は、高一の夏ぐらいには海外に短期ホームステイをさせたりして勉強させました。そして、二人とも英検の二級を取ったと思います。

一方、紫央さんは、徳島《とくしま》の田舎《いなか》で、そういうこともなかったにもかかわらず、同じ高一で英検の二級を取っていました。つまり、本当は英語がよくできるのではないかと思うのですが、彼女は英語ができないように見せるのも上手なのです。徳島県にいて、海外にも行かずに、高一で英検二級をスパッと取るというのは、かなりの優《すぐ》れ者であって、めったにいません。

そういうところを全然、自慢することもなく、「英語ができない」という感じを貫《つらぬ》いていますが、それは、みんなに自信を持たせているようなところもあるわけです。

私は、「このへんがうまいなあ」と感心しています。

やはり、「女性には、いろいろと違《ちが》いがあるので、それを見て勉強しなければいけないのだな」ということを、かえって勉強させていただいているところです。

そのように、紫央さんは、私の長年の悩《なや》みの種だった部分を、見事に解決してくれているようには思いますね。これを、少し付け足しておきます。

大川紫央　ありがとうございます。ただ、総裁先生は、そうおっしゃってくださったのですが、能力がないところは本当にそのとおりで、できないところは本当にできないなかで、何とかやらせていただいています。

また、「外から見ると、宗務《しゅうむ》本部の仕事内容には、なかなか分からないところもあるのかな」と感じるときが多いのですが、先ほど、総裁先生がいろいろとお話しくださったような仕事についても、一緒《いっしょ》にやってくださっている方々がいて成り立っています。

そのように、「宗務本部は、公私《こうし》共に、いろいろと支えている部署なのだ」ということは、みなさんに知っておいていただきたいと思います。

大川紫央の

“パンダ的”生き方・考え方

「何のためにやっているのか」という

共通の目標を思い出すことによって、

心を結《むす》びつけ、

力を合わせることができる。

13　主《しゅ》の直弟子《じきでし》としての「使命の自覚の持ち方」

L　紫央総裁補佐《ほさ》は、毎日、主《しゅ》のいちばんお近くで、何があっても常に、主の元気エネルギーとなっていらっしゃると思います。

これから、幸福の科学が本格的に世界宗教に向かっていくにつれて、主に対しての外からの攻撃《こうげき》などが多くなってくると思いますが、そうしたなかで、私たち直弟子《じきでし》一人ひとりが、もう一段、主の力を強めて、主の元気エネルギーとなるためには、どうすればよろしいでしょうか。

また、私たちが主をお護《まも》りする一枚の盾《たて》となるために、紫央総裁補佐が考えていらっしゃる、「エル・カンターレの直弟子としての使命の自覚の持ち方」や「一日の思いの持ち方」について教えていただければ幸いです。

教団は今、世間《せけん》からどのように見られているか

大川紫央　確かに、今は、「教団として、もう一段大きくなれるかどうか」というところに差し掛《か》かっているのかなと、私自身も考えています。

もちろん、前提条件として、信仰心《しんこうしん》は高めていかないといけません。

ただ、教団が大きくなるということは、同時に、それだけの「社会性」が伴《ともな》ってこなければならないと思うのです。

実際、総裁先生は、いろいろな本を出されておりますし、非常に「社会

性」を帯《お》びていらっしゃって、世間《せけん》からも、そう見られています。

ところが、私たち弟子のほうは、まだまだそこに追いついていない現状で、そこは一つの課題としてあるのかなと考えています。

やはり、信仰心をもって主を護ることは大前提なのですけれども、今の私としては、もう一段、教団自体が「社会性」を持ち、職員一人ひとりも、ある程度、世間解《げ》を持たなければいけないと感じています。

そういう意味で、私たち自身も、もう一段の社会性と公的な思いを強めて、活動をしていかなければならないのではないかなと、最近考えています。

●**世間解**　仏の十種類の尊称（如来《にょらい》十号）の一つ。「世の中の道理や社会のあり方をよく知っている人」の意。ここでは、世間・社会への知恵を持つこと。

弟子《でし》の力で「総裁の働き」を生かしたい

大川紫央　ちなみに、昨日《きのう》（二〇一五年十一月二十九日）は、「学生部合宿で、みんなで幸福実現党のポスター貼《は》りなどをした」というお話を聞きました。

ただ、「ポスター貼りをするにしても、当会の学生や候補者には〝いい人〟が多いので、最後の一押《ひとお》しがなかなかできない」ということを課題として持ち帰ってきた方もいる、ということも耳にしました。

そういう話を聞くと、信仰心のところで言えば、「本当に信じているのであれば、もう一段の強い押しを持って、いろいろと活動は進めていかなくてはいけない」と思います。

結局、ポスター貼りをしに行っても、「もしよければ、邪魔にならない程度に貼ってくれればいいので……」という感じで終わってしまったら、逆に、チャイムを「ピンポン」と押されて出てきた方からすると、「何をしに来たんだろうな？」と思われてもしかたがありません。

しかし、そこは私たちが、「自分たちのしていることに対して、もう一段の確信を持ってやれているのか」というところが問われているのではないでしょうか。

また、総裁先生がいろいろな発信をされていますが、「大川総裁はこの教えを通して、どのような社会を実現しようとされているのか」というところを、私たち一人ひとりも、未来の姿として引き寄せるべく、明確なビジョンを持って活動することが必要でしょう。

そういうことを、その話を聞いて思いました。

確かに、信仰心がまだまだ足りていないところというか、私自身もそうなのですけれども、総裁先生のほうに〝おねだり〟をしてしまったりすることもあると思うのです。

ただ、もう一段、総裁先生に奉仕《ほうし》する気持ちや、「見返りを求めるのではなく、自分たちでやらせていただくんだ」という思いを強くして活動していかないと、社会的にもお護りする力が弱くなってくると思います。

やはり、「思い」の面と同時に、「仕事」や「活動」を通して、主をお護りする力を強めることも大事なのです。

「これからは、総裁先生ご自身の働きを生かすのも殺すのも、私たち弟《で》子《し》の力によるのかな」という感じを持っているので、もう一段、私たち自身も大きくならないといけない時期が来ているのではないかと思います。

大川紫央の

“パンダ的”生き方・考え方

信仰心《しんこうしん》を高めるとともに、
もう一段の「社会性」と
「公的な思い」を強めて、
活動していきたい。

14 「異質なものの結合」によってアイデアを生み出す方法とは？

M　先ほど、大川総裁から、「総裁補佐《ほさ》は、矛盾《むじゅん》したものを統合させていく能力に長《た》けている」というようなお話がありました。それは総裁補佐の「無私の心」や「徳の力」が背景にあると、強く感じさせていただきました。

そうしたことに加えて、どのようにして、異質なものを結合していきながら、面白《おもしろ》いアイデアや、世の中を切り拓《ひら》いていくアイデアを生み出しているのか、そのあたりの脳のメカニズムについて、お教えいただければと思います。

新しいものを生み出すために必要な「大胆《だいたん》さ」と「心意気《こころいき》」

大川紫央　「はたして、今の段階で私がそれをできているのか」ということには、少々疑問があるのですが（笑）、「異質なものの結合」というのは、総裁先生からもよく教えていただいていることではあります（『智慧《ちえ》の法』〔幸福の科学出版刊〕等参照）。

また、冒頭《ぼうとう》で、「神経を二本か三本切る」という話から始めましたけれども（24ページ参照）、今のお話を聞いていて、「細《こま》かく考えるところ」と

「大胆《だいたん》に考えるところ」とを、自分のなかでうまく分けていかないといけないのかなと思いました。

やはり、異質なものの結合をする際には、非常に「大胆な発想」や「胆《たん》力《りょく》」といったものが必要になってくると思うのですが、あまり細かく考えすぎてしまうと、それができなくなったり、不安のほうが大きくなったりしてしまうわけです。そういうときには、細かく考えすぎずに、「大胆にやるところはやる」「完璧《かんぺき》主義に陥《おちい》らないようにする」というところも大事なのかなと思います。

なお、「異質なものの結合」というテーマだけではなく、仕事とか、いろいろと大きなことをやるに際しても、ある程度のところで見切りをつけて、「これでよし」というふうに思わないと、自分自身で〝崩壊《ほうかい》〟してしまうところもあるでしょう。

あるいは、どんどん不安のほうが大きくなって、さらにどんどん目が細かくなっていってしまうこともあるので、そのへんは、「八割・二割の法則」ではないですけれども、そのようなかたちで抑《おさ》えるなり、何かしなければいけません。

したがって、イノベーションであったり、いろいろな新しいものを生み出したりする際には、〝細心《さいしん》の注意〟を払《はら》うことも必要ですけれども、やはり、大胆にやる〝勇気〟と、「多少のリスクがあって、ここは自分が責任を負ったとしても、全然構わないんだ」という〝心意気《こころいき》〟が必要になるのかなと思います。

大川紫央の

“パンダ的”生き方・考え方

イノベーションのときや

新しいものを生み出すときには、

細《こま》かく考えすぎず、

大胆《だいたん》に行《おこな》うことも大事。

15　総裁補佐《ほさ》として「幸せ」を感じるとき

N　今までのお話を聞かせていただき、「紫央総裁補佐《ほさ》の生活そのものが、お仕事であるのだな」と感じさせていただきました。

そこで、紫央総裁補佐の生き方、考え方を教えていただくに当たり、ご質問させていただきたいのですが、日々、大川総裁のおそばで過ごされる上で、どのようなときに幸せを感じられるのでしょうか。「幸福の源泉《げんせん》」といいますか、「人生の活力《かつりょく》」に関して教えていただければと思います。

総裁は常に「世界をよくすること」を考えている

大川紫央　「幸せを感じるとき」というのは、そうですねえ……、「総裁先生が明るいとき」でしょうか（笑）。

やはり、総裁先生ご自身も、仕事とか、いろいろありますが、きっと頭のなかや心のなかは、「どうやって人類を導くか」「どうやって日本をよくするか」「世界をさらによくするか」ということでいっぱいで、ほぼ、それで全部なんです。だから、総裁先生のお仕事が前進するときは、私自身もすごくうれしいし、「幸せだな」と感じます。

また、総裁先生の御説法《ごせっぽう》のところを支えさせていただいている面もあるので、一つひとつ御説法を頂いたときも、とてもうれしいです。

やはり、仕事が一つ前進して、総裁先生が喜んでいらっしゃる姿を見るときは、自分もすごくうれしいなと思っています。

大川紫央の

“パンダ的”生き方・考え方

総裁《そうさい》の仕事が前進したときや

御説法《ごせっぽう》をしていただいたときに、

「幸せだな」と感じる。

16 「分《ぶん》を知って生きる」「諦《あきら》める」に込《こ》めた意味

C　先ほど、「コタツの上に、『ここには私のものは何もない』と紙に書いて貼《は》ってある」というお話がありましたが、私も一度、お部屋にお邪魔《じゃま》したときにそれを発見し、宗教的な悟《さと》りの深さに言葉を失ってしまいました。

大川紫央　いえいえ（笑）。

C　ところが、さらにその隣《となり》に、「分《ぶん》を知って生きる」という言葉と、「諦《あきら》める」という言葉が書いてあり、それがとても印象に残っています。

というのも、私自身も、「分を知って生きる」ということと、「諦める」ということがテーマになっていたからです。

紫央総裁補佐《ほさ》にとって、「分を知って生きる」、そして、「諦める」とはどのようなことなのか、非常に興味がありますので、教えていただければと思います。

たくさんの仕事を抱《かか》えて悩《なや》んだときに出した答え

りません。

大川紫央　それは、私のなかではまだ「悟り」と言えるほどの言葉でもあ

実は、一時期、仕事がたくさん入ってきて、自分のなかでいっぱいいっぱいになってしまい、そうとう悩《なや》んだことがあったのです。そのとき、「この状態をどうにかしないといけないな」と思って考えてみました。すると、仕事をしていくなかで、「全部自分の思うとおりにしようという心」や「こうならないと気が済《す》まない」という面が見えたわけです。

やはり、自分が思い描いている方向にすべてが行くわけではないので、

ある程度、諦めなければいけない面もあります。また、これはおそらく、自分の傾向《けいこう》として何度か陥《おちい》るパターンになりそうなので、「諦める」とか、「ここに自分のものはないんだ」とかいうことを書いて、戒《いまし》めとして貼っているのです。

先ほどの、「異質なものの結合」という話のなかで少し触《ふ》れたことなのですが、やはり、完璧《かんぺき》主義に陥ってしまってはいけないと思います。

どうしても、自分の思うとおりにならないことはありますし、先生の教えにあるとおり、他人《ひと》の心も自分の思うとおりにはならないものです。したがって、自分として、「そういうものなのだ」と、いったんは受け入れなければいけません。

「あれもしなきゃ、これもしなきゃ」「こうならないといけない、ああならないといけない」というように、自分のなかでいろいろと抱《かか》えすぎていると、結局、自分自身が崩壊《ほうかい》して、周りにも迷惑《めいわく》をかけることになります。そのようなところに気をつけようと思って書いた言葉なのです。

私自身、完璧を目指してしまうところがあるので、「八割できたらいいかな」と考えるようにしています。

また、人それぞれ、その人たちに合った「使命」や「天命」に従《したが》って、これからの人生が拓《ひら》けていくようなところもあるでしょうから、一緒《いっしょ》に仕事をしつつも、そうした面を信じることが、組織の上に立つ際には必要なのだと思います。

これは、「人を信じる」ということにもつながるので、大切にしなければいけない部分であると考えています。

大川紫央の

“パンダ的”生き方・考え方

完璧《かんぺき》主義に陥《おちい》るのではなく、「八割できたらいいかな」と考える。

17　大川紫央《しお》から見た「大川隆法総裁の姿」

○　本日はさまざまな質問にお答えくださり、本当にありがとうございます。お話を聞いていて、紫央総裁補佐《ほさ》の日々の努力など、総裁先生をお支えする、本当に素晴《すば》らしいお姿を学ばせていただきました。

紫央総裁補佐から見た大川隆法総裁のお姿はどのようなものなのか、あるいは、信者のみなさまに、どのように総裁先生を思ってほしいかなど、何かメッセージがあれば、お願いいたします。

総裁のお言葉に、嘘《うそ》は一言《ひとこと》もない

大川紫央　そうですね。私自身から、「どのように総裁先生を愛してほしいか」ということは言えないのですけれども、きっとみなさん一人ひとりが、総裁先生の大好きなところや、愛しておられるところを何か持っておられると思うんです。それを、人生が終わる最後まで持ち続けていただきたいなと思います。

私が近くで見ていても、総裁先生が御法話《ごほうわ》などでお話しされていることに嘘《うそ》はありません。総裁先生ご自身が、全身全霊《ぜんれい》で、全人生を懸《か》けてこの救世運動をやってくださっており、本当に嘘は一言《ひとこと》もないのです。

周りの人たちをもっと愛せるような器《うつわ》づくりを

大川紫央　これから、教団をもう一段大きくしていかなければいけないのですが、その途中《とちゅう》で、社会の一般《いっぱん》の方々からは、幸福の科学に対して、いろいろな見方をされることもあるかもしれません。そのとき、自分自身でつかんだ確信の部分を、どうか穢《けが》すことなく、最後まで持ち続けていただきたいと思います。

総裁先生は、「距離《きょり》として近くにいる、いない」ということに関係なく、「公平に」といいますか、弟子《でし》だけではなく、信者になっていない方々も含《ふく》めて、みなさんをとても愛していらっしゃいます。それを、近くで見ていて感じるのです。

ですから、私たち自身も、「信者にならないから、この人は駄目《だめ》なんだ」とか、「私たちの言うことが分からないから駄目なんだ」とかいうように、周りを裁《さば》く目を持つのではなく、もっと周りの人たちを愛せるようになっていくことが大切です。そうすれば、さらに総裁先生の〝分身《ぶんしん》〟に近づいていくのではないかと思います。

総裁先生ご自身も、清濁併《せいだくあわ》せ呑《の》むようなところのある大きな方なので、私たち弟子でその愛をせき止めるのではなく、一人ひとりが、総裁先生のお姿に学ばなければいけないのではないでしょうか。

今回は、「パンダ学入門」ということで、少しまとまりが悪かったかもしれませんが、私がどのような考えを持って仕事をしているかとか、どのような人なのかということを、その一端《いったん》なりとも分かっていただければ、ありがたいと思っています。

このような機会を頂き、ありがとうございました。

大川紫央の

“パンダ的”生き方・考え方

周りを裁《さば》く目を持つのではなく、

周りの人たちを愛せるように

なっていくことが大切。

あとがき

宗教とは本来、「神」を見つめ、「人」を見つめる場所です。そこには、必然的に「人間学」の叡智《えいち》が集まります。人間学の叡智は、組織を運営し発展させる上でも、政《まつりごと》を行う上でも、教育が行われる場でも、科学を進歩させる上でも、芸術を花開かせる上でも、なくてはならないものであると思っています。

本物の宗教家・大川隆法総裁のお仕事を手伝わせていただける弟子の一人として、自己の探究を通してその叡智のかけらに少しでも近づいていきたい、何らかの役に立ちたいと私自身、志《こころざ》しています。そのためにも、私にとっての個性である「パンダ学」をまだまだ掘り下げ、そこから一粒のダイヤモンドの如《ごと》き結晶を取り出せるよう努力していく所存です。

最後になりましたが、このユニークな企画を通して自己発見のよすがを与えてくださり、また本文中にもお言葉をくださった大川隆法総裁に心より感謝申し上げます。

二〇一五年　十二月二十五日

幸福《こうふく》の科学総裁補佐《かがくそうさいほさ》　大川紫央《おおかわしお》

『「パンダ学」入門』大川隆法著作関連書籍

『太陽の法』（幸福の科学出版刊）
『神秘の法』（同右）
『智慧の法』（同右）
『不況に打ち克つ仕事法』（同右）
『女性らしさの成功社会学』（同右）
『西田幾多郎の「善の研究」と
　幸福の科学の基本教学「幸福の原理」を対比する』（同右）

『母の教え』（宗教法人幸福の科学刊）
『人類創造の秘密に迫る』（同右）
『添削式・はじめての宗教英会話入門』シリーズ（同右）

※左記は書店では取り扱っておりません。最寄りの精舎・支部・拠点までお問い合わせください。

「パンダ学《がく》」入門《にゅうもん》

―私の生き方・考え方―

2016年1月20日　初版第1刷
2021年12月7日　　第4刷

著　者　　大《おお》川《かわ》紫《し》央《お》

発行所　　幸福の科学出版株式会社

〒107-0052 東京都港区赤坂2丁目10番8号
TEL(03)5573-7700
https://www.irhpress.co.jp/

印刷・製本　株式会社 研文社

落丁・乱丁本はおとりかえいたします

ISBN978-4-86395-751-0 C0030

p.17 北川景子、武井咲 時事通信フォト／福山雅治 Imaginechina/ 時事通信フォト／
佐藤健 Dick Thomas Johnsonp.21 Junji TakasagoSEBUN PHOTO amanaimages ／
p.79 アフロ／ p.111 Hung Chung Chih/shutterstock.com ／
p.129 SJ Travel Photo and Video/shutterstock.com
装丁・イラスト・写真（上記・パブリックドメインを除く）©幸福の科学

大川紫央 著作シリーズ

「パンダルンダ」シリーズ
読み聞かせ3歳～
自分で読む6歳～

第8話
ちいさなミラクルそんちょう
パンダルンダ別巻
ミラクルそんちょうのひみつ

第8話

1,540円

別巻

1,650円

第1話

1,320円

第2話

1,430円

第3話

1,430円

第4話

1,540円

第5話

1,980円

第6話

1,540円

第7話

1,540円

別巻

1,760円

第1話 パンダちゃんのはじまりのおはなし
第2話 パンダちゃんともりのおともだち
第3話 パンダちゃんとミラクルそんちょう
第4話 パンダちゃんとおれたクレヨン
第5話 ミラクルそんちょうのおたんじょうび
第6話 パンダちゃんとモンちゃん
第7話 パンダちゃんとひろいうちゅう
別　巻 ミラクルそんちょうのおはなし
～くものいと～
企画・原案 大川隆法
作 大川紫央（再話）
（原作：芥川龍之介）

※表示価格は税込10%です。

大川紫央 著作シリーズ

太陽に恋をして

ガイアの霊言

大川隆法　大川紫央　共著

地球文明を創造した「始原の神アルファ」。そして、それを支えた「女神ガイア」──。6億年の時をへて、「真の創世記」が語られる。

1,760円

仕事のできる女性を目指して

「報・連・相」の基本から、組織全体を左右する「判断力」まで──。上司から信頼され、部下から慕われる「できるオンナ」の仕事術が満載。

1,540円

アングリマーラ 罪と許しの物語

約2500年前のインド──。殺人鬼・アングリマーラの心を救う、仏の慈悲の物語。子供だけでなく、大人にとっても深い学びが得られる絵本。【対象年齢:11歳～】

1,320円

幸福の科学出版

大川隆法ベストセラーズ・女性の幸福を考える

嫁の心得 山内一豊の妻に学ぶ

さげまん妻にならないための６つのヒント

賢い女性は、夫も家族も自分も幸せにできる。結婚、子育て、嫁姑問題、価値観の違い――。学校や家庭では教わらない「良妻賢母」になる方法とは。

1,650円

婚活必勝法 Q&A

結婚したいのにできない人の特徴は？ 失恋からどう立ち直る？ 婚活の賢い考え方から、結婚生活における心掛けまで、婚活必勝のヒントが満載の一書。

1,650円

あげママの条件

子供を上手に育てる８つの「考え方」

すべてのママたちに贈る〝ハッピー子育てアドバイス〟。正しい躾、成功する教育法、上手な叱り方など、ママが心掛けたい8つのポイント大公開！

1,540円

※表示価格は税込10％です。

大川隆法「法シリーズ」・最新刊

メシアの法

「愛」に始まり「愛」に終わる

法シリーズ 28作目

「この世界の始まりから終わりまで、あなた方と共にいる存在、それがエル・カンターレ」──。現代のメシアが示す、本当の「善悪の価値観」と「真実の愛」。

2,200円

第１章　エローヒムの本心
── 善悪を分かつ地球神の教え

第２章　今、メシアが語るべきこと、なすべきこと
── 人類史の転換点にある地球への指針

第３章　メシアの教え
──「神の言葉」による価値観を変える戦い

第４章　地球の心
── 人類に霊的覚醒をもたらす「シャンバラ」

第５章　メシアの愛
── 魂の修行場「地球」における愛のあり方

幸福の科学の中心的な教え──「法シリーズ」

好評発売中！

幸福の科学グループのご案内

宗教、教育、政治、出版などの活動を通じて、地球的ユートピアの実現を目指しています。

幸福の科学

一九八六年に立宗。信仰の対象は、地球系霊団の最高大霊、主エル・カンターレ。世界百六十カ国以上の国々に信者を持ち、全人類救済という尊い使命のもと、信者は、「愛」と「悟り」と「ユートピア建設」の教えの実践、伝道に励んでいます。

（二〇二一年十一月現在）

愛

幸福の科学の「愛」とは、与える愛です。これは、仏教の慈悲《じひ》や布施《ふせ》の精神と同じことです。信者は、仏法真理をお伝えすることを通して、多くの方に幸福な人生を送っていただくための活動に励んでいます。

悟り

「悟り」とは、自らが仏の子であることを知るということです。教学《きょうがく》や精神統一によって心を磨き、智慧《ちえ》を得て悩みを解決すると共に、天使・菩薩《ぼさつ》の境地を目指し、より多くの人を救える力を身につけていきます。

ユートピア建設

私たち人間は、地上に理想世界を建設するという尊い使命を持って生まれてきています。社会の悪を押しとどめ、善を推し進めるために、信者はさまざまな活動に積極的に参加しています。

国内外の世界で貧困や災害、心の病で苦しんでいる人々に対しては、現地メンバーや支援団体と連携して、物心両面にわたり、あらゆる手段で手を差し伸べています。

年間約２万人の自殺者を減らすため、全国各地で街頭キャンペーンを展開しています。

公式サイト **www.withyou-hs.net**

自殺防止相談窓口

受付時間　火～土:10～18時（祝日を含む）

TEL **03-5573-7707** メール **withyou-hs@happy-science.org**

ヘレン・ケラーを理想として活動する、ハンディキャップを持つ方とボランティアの会です。視聴覚障害者、肢体不自由な方々に仏法真理を学んでいただくための、さまざまなサポートをしています。

公式サイト **www.helen-hs.net**

入会のご案内

幸福の科学では、大川隆法総裁が説く仏法真理《ぶっぽうしんり》をもとに、「どうすれば幸福になれるのか、また、他の人を幸福にできるのか」を学び、実践しています。

入会

仏法真理を学んでみたい方へ

大川隆法総裁の教えを信じ、学ぼうとする方なら、どなたでも入会できます。入会された方には、『入会版「正心法語《しょうしんほうご》」』が授与されます。

ネット入会　入会ご希望の方はネットからも入会できます。
happy-science.jp/joinus

三帰《さんき》誓願《せいがん》

信仰をさらに深めたい方へ

仏弟子としてさらに信仰を深めたい方は、仏《ぶっ》・法《ぽう》・僧《そう》の三宝《さんぽう》への帰依を誓う「三帰誓願式」を受けることができます。三帰誓願者には、『仏説・正心法語』『祈願文《きがんもん》①』『祈願文②』『エル・カンターレへの祈り』が授与されます。

幸福の科学 サービスセンター
TEL 03-5793-1727（受付時間/火～金:10～20時 土・日祝:10～18時（月曜を除く））

幸福の科学 公式サイト
happy-science.jp

ハッピー・サイエンス・ユニバーシティ
Happy Science University

ハッピー・サイエンス・ユニバーシティとは

ハッピー・サイエンス・ユニバーシティ（HSU）は、大川隆法総裁が設立された「現代の松下村塾」であり、「日本発の本格私学」です。
建学の精神として「幸福の探究と新文明の創造」を掲げ、
チャレンジ精神にあふれ、新時代を切り拓く人材の輩出を目指します。

人間幸福学部　経営成功学部　未来産業学部

HSU長生キャンパス TEL **0475-32-7770**
〒299-4325　千葉県長生郡長生村一松丙 4427-1

未来創造学部

HSU未来創造・東京キャンパス
TEL **03-3699-7707**
〒136-0076　東京都江東区南砂2-6-5　公式サイト **happy-science.university**

学校法人 幸福の科学学園

学校法人 幸福の科学学園は、幸福の科学の教育理念のもとにつくられた教育機関です。人間にとって最も大切な宗教教育の導入を通じて精神性を高めながら、ユートピア建設に貢献する人材輩出を目指しています。

幸福の科学学園
中学校・高等学校（那須本校）
2010年4月開校・栃木県那須郡（男女共学・全寮制）
TEL **0287-75-7777** 公式サイト **happy-science.ac.jp**

関西中学校・高等学校（関西校）
2013年4月開校・滋賀県大津市（男女共学・寮及び通学）
TEL **077-573-7774** 公式サイト **kansai.happy-science.ac.jp**

仏法真理塾「サクセスNo.1」

全国に本校・拠点・支部校を展開する、幸福の科学による信仰教育の機関です。小学生・中学生・高校生を対象に、信仰教育・徳育にウエイトを置きつつ、将来、社会人として活躍するための学力養成にも力を注いでいます。

TEL 03-5750-0751（東京本校）

エンゼルプランV

東京本校を中心に、全国に支部教室を展開。信仰をもとに幼児の心を豊かに育む情操教育を行い、子どもの個性を伸ばして天使に育てます。

TEL 03-5750-0757（東京本校）

エンゼル精舎

乳幼児が対象の、託児型の宗教教育施設。エル・カンターレ信仰をもとに、「皆、光の子だと信じられる子」を育みます。
（※参拝施設ではありません）

不登校児支援スクール「ネバー・マインド」

TEL 03-5750-1741

心の面からのアプローチを重視して、不登校の子供たちを支援しています。

ユー・アー・エンゼル！（あなたは天使！）運動

障害児の不安や悩みに取り組み、ご両親を励まし、勇気づける、障害児支援のボランティア運動を展開しています。

一般社団法人 ユー・アー・エンゼ

TEL 03-6426-7797

NPO活動支援

学校からのいじめ追放を目指し、さまざまな社会提言をしています。また、各地でのシンポジウムや学校への啓発ポスター掲示等に取り組む一般財団法人「いじめから子供を守ろうネットワーク」を支援しています。

公式サイト mamoro.org　ブログ blog.mamoro.org

相談窓口 TEL.03-5544-8989

百歳まで生きる会

「百歳まで生きる会」は、生涯現役人生を掲げ、友達づくり、生きがいづくりをめざしている幸福の科学のシニア信者の集まりです。

シニア・プラン21

生涯反省で人生を再生・新生し、希望に満ちた生涯現役人生を生きる仏法真理道場です。定期的に開催される研修には、年齢を問わず、多くの方が参加しています。
全世界212カ所（国内197カ所、海外15カ所）で開校中。

【東京校】 TEL 03-6384-0778　FAX 03-6384-0779
メール senior-plan@kofuku-no-kagaku.or.jp

幸福実現党

内憂外患《ないゆうがいかん》の国難に立ち向かうべく、2009年5月に幸福実現党を立党しました。創立者である大川隆法党総裁の精神的指導のもと、宗教だけでは解決できない問題に取り組み、幸福を具体化するための力になっています。

幸福実現党 釈量子サイト **shaku-ryoko.net**
Twitter **釈量子@shakuryoko**で検索

党の機関紙
「幸福実現党NEWS」

幸福実現党 党員募集中

あなたも幸福を実現する政治に参画しませんか。

○幸福実現党の理念と綱領、政策に賛同する18歳以上の方なら、どなたでも参加いただけます。
○党費:正党員(年額5千円[学生 年額2千円])、特別党員(年額10万円以上)、家族党員(年額2千円)
○党員資格は党費を入金された日から1年間です。
○正党員、特別党員の皆様には機関紙「幸福実現党NEWS(党員版)」(不定期発行)が送付されます。

＊申込書は、下記、幸福実現党公式サイトでダウンロードできます。
住所:〒107-0052 東京都港区赤坂2-10-8 6階 幸福実現党本部
TEL **03-6441-0754** FAX **03-6441-0764**
公式サイト **hr-party.jp**

出版 メディア 芸能文化　幸福の科学グループ

幸福の科学出版

大川隆法総裁の仏法真理の書を中心に、ビジネス、自己啓発、小説など、さまざまなジャンルの書籍・雑誌を出版しています。他にも、映画事業、文学・学術発展のための振興事業、テレビ・ラジオ番組の提供など、幸福の科学文化を広げる事業を行っています。

アー・ユー・ハッピー？
are-you-happy.com

ザ・リバティ
the-liberty.com

幸福の科学出版
TEL **03-5573-7700**
公式サイト **irhpress.co.jp**

THE FACT

ザ・ファクト
マスコミが報道しない「事実」を世界に伝えるネット・オピニオン番組

YouTubeにて随時好評配信中！

ザ・ファクト　検索

NEW STAR PRODUCTION

ニュースター・プロダクション

「新時代の美」を創造する芸能プロダクションです。多くの方々に良き感化を与えられるような魅力あふれるタレントを世に送り出すべく、日々、活動しています。 公式サイト **newstarpro.co.jp**

ARI Production

ARI《アリ》 Production《プロダクション》

タレント一人ひとりの個性や魅力を引き出し、「新時代を創造するエンターテインメント」をコンセプトに、世の中に精神的価値のある作品を提供していく芸能プロダクションです。 公式サイト **aripro.co.jp**

大川隆法　講演会のご案内

大川隆法総裁の講演会が全国各地で開催されています。講演のなかでは、毎回、「世界教師」としての立場から、幸福な人生を生きるための心の教えをはじめ、世界各地で起きている宗教対立、紛争、国際政治や経済といった時事問題に対する指針など、日本と世界がさらなる繁栄の未来を実現するための道筋が示されています。

講演会には、どなたでもご参加いただけます。
最新の講演会の開催情報はこちらへ。 ⟹ 大川隆法総裁公式サイト
https://ryuho-okawa.org